MW00682904

© Editions Gallimard, 1990
Dépôt légal : novembre 1990
Numéro d'édition : 47389
ISBN 2-07-039559-6
Imprimé par la Editoriale Libraria en Italie

LE LIVRE DE PARIS

2/CHRONIQUES PARISIENNES

COLLECTION DECOUVERTE CADET

Texte Françoise et Philippe Fix
Illustrations
Philippe Fix

GALLIMARD

Paris

*Quand j'étais enfant, je me demandais
comment il pouvait se faire que
le simple nom de Paris désignât
tant de choses diverses, tant de rues
et de places, tant de jardins, tant
de maisons, de toits, de cheminées,
et par-dessus tout cela le ciel
changeant et léger qui couronne
notre ville ; et plus j'y pensais,
plus il me paraissait étonnant
qu'une si grande ville pût tenir
dans un nom si court. Je me répétais
à moi-même ces deux syllabes
qui finissaient par devenir fort
mystérieuses dans mon esprit,
car, me disais-je, pourquoi
l'appelle-t-on ainsi et pas autrement ?
Mais je croyais qu'à force de répéter
ce nom je fini-rais par découvrir
quelque chose, et en fin de compte
je ne découvrais rien, sinon que
Paris s'appelle Paris.*

Julien Green

Ce livre appartient à

L. Shaunessy

7

Le Paris du Grand Siècle

Louis XIV
(1638-1715)
lors du Festival
équestre donné au
Tuileries en 1662
C'est en souvenir
de cette fête que la
place du Carrousel
fut ainsi appelée.

Le cardinal de
Richelieu (1585-1642)
A sa mort, il lègue
au roi son Palais
qui prend le nom
de Palais-Royal.
Le jardin, ouvert
au public, devient
un élégant lieu de
promenade.

Après la mort d'Henri IV, la fièvre de bâtir ne s'est pas interrompue. Sous le règne de Louis XIII apparaissent des quartiers neufs : les faubourgs Saint-Germain, Saint-Jacques et Saint-Honoré où se multiplient les couvents et les résidences des Parisiens fortunés. Sur la rive gauche, de vastes terrains libres sont lotis, ainsi que l'île Saint-Louis, née de la réunion de l'île aux Vaches et de l'île Notre-Dame jusque-là désertes.

La régente Marie de Médicis fait édifier le Luxembourg, et Richelieu, ministre de Louis XIII, le Palais-Cardinal qui deviendra le Palais-Royal. La reine Anne d'Autriche offre l'église du Val-de-Grâce pour commémorer la naissance de son fils, le futur Louis XIV.

La Fronde (1648-1652), qui voit la ville en révolte contre la politique du ministre Mazarin, aggrave encore la misère du peuple. Sous l'impulsion de saint Vincent de Paul, de nombreuses fondations hospitalières et charitables sont créées, mais les crises économiques, les disettes accroissent sans cesse la masse des indigents.

Louis XIV préfère s'installer avec la cour à Versailles et bien qu'il y fixe le gouvernement en 1682, il n'en néglige pas pour autant Paris : la capitale

doit être digne de son souverain. Il fait notamment tracer les places Vendôme et des Victoires, construire l'Observatoire, l'hôtel royal des Invalides, l'hôpital de la Salpêtrière. Les remparts sont détruits en 1670 et remplacés par les Grands Boulevards.

La ville s'embellit et fait preuve d'une grande activité intellectuelle. Dès 1631, grâce au cardinal de Richelieu, Paris s'enrichit de son premier journal, *la Gazette*, créé par Théophraste Renaudot ; en 1635, l'Académie française naît et les théâtres commencent à se multiplier.

Jean-Baptiste Poquelin, dit Molière (1622-1673)
Après la mort de Molière, Louis XIV ordonne la fusion de sa troupe avec les comédiens du Marais et de l'Hôtel de Bourgogne, pour fonder en 1680 la Comédie-Française, la « Maison de Molière ».

La manufacture des Gobelins
Chargé par Louis XIV de réorganiser les manufactures de tapisseries, le ministre Colbert achète en 1662 les anciens ateliers de la famille des Gobelins, célèbre lignée de teinturiers installés depuis 1440 sur les bords de la rivière de Bièvre (XIIIe arrondissement).
Cinq ans plus tard, en 1667, l'édit royal organisant la manufacture royale des meublès de la Couronne est promulgué. Sous la direction du premier peintre du roi, Charles Le Brun, les meilleurs artistes et artisans du royaume, peintres, tapissiers, orfèvres, ébénistes, s'emploient à créer le mobilier et la décoration des résidences du Roi-Soleil. Depuis, inspirées par les plus grands peintres, de Poussin, Boucher à Chagall ou Picasso, plus de 5 000 tapisseries ont été réalisées par les liciers des Gobelins qui, depuis le XVIIe siècle, ont conservé leurs traditionnelles méthodes de travail.

Guidé par Colbert, Louis XIV visite la manufacture royale des Gobelins.

Les premiers transports

Passage d'une rue boueuse de la capitale

A cheval

En chaise à porteurs

En vinaigrette

Aller à pied, à cheval ou sur une mule a été, pendant des siècles, le principal moyen de circuler dans la capitale. La mule était la monture des gens paisibles, tels les ecclésiastiques, les magistrats ; le cheval, celle des nobles, du roi. Les dames de qualité utilisaient aussi la litière ou la chaise à porteurs à partir du XVIIe siècle mais, plus souvent, elles allaient en croupe derrière leur époux ou leur domestique.

Les carrosses apparaissent au milieu du XVIe siècle. Au siècle suivant, de nouveaux moyens de transport se développent : la calèche, voiture légère et découverte ; la vinaigrette, sorte de chaise à porteurs montée sur roues appelée aussi brouette, ou le fiacre, voiture de louage à quatre places, créé en 1640.

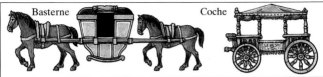

Basterne   Coche

Carrosse
de gentilhomme

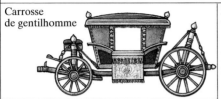

Berline coupée de ville,
fin du XVIIe siècle

Fiacre de 1840

Omnibus à impériale du Second Empire

Naissance des
transports en commun

Le mathématicien
Blaise Pascal a le
premier l'idée
d'organiser pour le
public un service de
voitures bon marché
qui circuleraient
régulièrement dans
Paris, suivant des
itinéraires déterminés.
Inaugurés en mars
1662, les carrosses
«à cinq sols» connaissent
un bref succès.
C'est en 1828
seulement que les
Parisiens retrouvent les
transports en commun.
Les premiers omnibus,
«pour tous» en latin,
sorte de diligences
traînées par trois
chevaux, pouvaient
recevoir quatorze
passagers.
Les omnibus à chevaux
disparaissent entre
1910 et 1913.

Cocher de fiacre à
Paris, vers 1830

La foire Saint-Germain

L'industrie des cartiers est florissante : depuis le XVe siècle, toute l'Europe s'est mise à jouer aux cartes.
La foire Saint-Germain renfermait plusieurs académies de jeux « où le roi, les princes et les seigneurs venaient risquer leur fortune ou celle des autres ».
En 1583, le roi Henri III crée le premier impôt sur les cartes à jouer.

En 1482, les religieux de l'abbaye de Saint-Germain-des-Prés obtiennent du roi l'autorisation d'établir, dans le faubourg Saint-Germain, une foire annuelle « dont ils retireraient tous les profits et les revenus ». Devenue très vite célèbre, cette foire commençait le 3 février et se prolongeait jusqu'au dimanche de la Passion.

De jour comme de nuit, tout le monde venait s'y divertir aux multiples spectacles.

Pendant toute la durée de la foire, que venaient ouvrir solennellement le prévôt de la ville et le lieutenant général de police, une foule immense s'y pressait de tous les coins de Paris et des environs. C'était entre les boutiques, dans les ruelles débordant de boue et de crotte, un effroyable tohu-bohu, un va-et-vient incessant (...).

Un fabricant de cartes à jouer de la place Dauphine vers 1680

Le jour était surtout réservé au peuple ; mais la nuit, après la comédie et l'opéra, amenait avec elle une assemblée plus brillante. C'était le moment choisi par la noblesse et les grandes dames pour faire leur apparition au milieu des merveilles du marché, et le roi lui-même ne dédaignait pas de s'y montrer souvent (...).

A la clarté des milliers de flambeaux allumés à chaque boutique et qui transformaient la foire en une sorte de palais enchanté, allait lentement, de long en large, comme au Cours, cette foule bariolée d'éclatants costumes, les dames couvertes du masque de velours noir (...).

Que vendait-on à la foire Saint-Germain ? On y vendait de tout. Les commerçants sérieux y accouraient de toutes les villes de France. Quant à Paris, il fournissait surtout les boutiques de luxe, de modes, de jeux et de rafraîchissements. Chaque objet de commerce avait son quartier distinct, et chaque carré était consacré à la même industrie (...).

Elle était naturellement le paradis des saltimbanques, farceurs, opérateurs, bateleurs, montreurs de raretés et de curiosités, diseurs de bonne aventure...

Victor Fournel

La foire Saint-Germain au XVIIIe siècle
Jusqu'à la Révolution, elle passe pour la plus belle et la plus riche foire de France.

En 1749, un rhinocéros est montré pour la première fois en France, à la foire Saint-Germain. Il attire une foule considérable et rapporte une petite fortune à son heureux propriétaire...

Rares à l'époque, les animaux en provenance d'Asie ou d'Afrique ont beaucoup de succès, tout comme les animaux savants et les monstruosités.

13

La capitale des Lumières

Buffon (1707-1788)
Intendant du Jardin du roi, musée des règnes animal, végétal et minéral qui deviendra en 1793 le Muséum national d'histoire naturelle. A partir de 1744, Buffon rédige les 36 volumes de sa célèbre *Histoire naturelle*.

L'œuvre d'embellissement et de modernisation de la capitale se poursuit tout au long du XVIIIe siècle. A l'ouest, autour de la place Louis-XV (l'actuelle place de la Concorde) inaugurée en 1763, de nouveaux quartiers se bâtissent. La rue Royale est percée, bordée de beaux immeubles où l'aristocratie et la finance viennent s'établir. On commence à rechercher le confort, à prévoir des cabinets d'aisances, parfois même des salles de bains. Les appartements sont plus petits, donc plus faciles à chauffer.

Les distractions ne manquent pas. Il y a des théâtres, des foires ; de nombreuses fêtes, avec bals et feux d'artifice, sont données à l'occasion d'évènements politiques ou privés de la famille royale.

Nobles et bourgeois de l'époque

Premiers aéronautes au-dessus de Paris
Le 21 novembre 1783, Pilâtre de Rozier et le marquis
d'Arlandes s'élèvent dans les airs à bord d'un ballon
gonflé d'air chaud. Partis de la Muette, ils survolent
Paris une vingtaine de minutes et se posent sur
la Butte-aux-Cailles (XIIIe arrondissement).

La mode des cafés se répand. On y
vient pour discuter, échanger des
nouvelles, parler des idées neuves, du
progrès, des sciences. Le plus célèbre
est *le Procope*, dans le quartier Latin,
fréquenté par Rousseau, Voltaire,
Diderot.

Les salons littéraires sont aussi le
rendez-vous des intellectuels. Tous les
grands esprits d'Europe s'y retrouvent : artistes, savants, philosophes,
encyclopédistes. Leur influence est
considérable.

Jamais la vie à Paris n'a été plus
brillante. « Quiconque n'a pas connu
cette époque n'a pas connu la dou-
ceur de vivre », écrira Talleyrand.

Centre des plaisirs, de l'élégance et
de l'esprit, le Paris des Lumières
rayonne sur l'Europe.

Le ballon gonflé d'air
chaud inventé par les
frères Montgolfier.

Une nouvelle
technique : la machine
à vapeur de Cugnot
Etudiée vers 1770
pour tirer les canons,
elle comporte trois
roues et une chaudière
placée à l'avant.

L'« Encyclopédie » de Diderot et d'Alembert

Diderot
(1713-1784)

D'Alembert
(1717-1783)

D'illustres écrivains et savants, dont Voltaire et Rousseau collaborent à
cette œuvre immense dont le premier volume paraît le 1er juillet 1751.

Les heures du jour
par Sébastien Mercier

Le café apparaît en France en 1643, mais ce n'est qu'en 1669 qu'il est mis à la mode par l'ambassadeur turc Soliman Aga qui le fait découvrir à la haute société.
Trois ans plus tard, un Arménien nommé Pascal a l'idée d'ouvrir une «maison de café» à la foire Saint-Germain et remporte un certain succès.
Bientôt ces établissements se multiplient et les premiers «cafetiers ambulants» apparaissent dans les rues de Paris.

A sept heures du matin, tous les jardiniers, paniers vides, regagnent leurs marais, affourchés sur leurs haridelles. On ne voit guère rouler de carrosses. On ne rencontre que des commis de bureau qui soient habillés et frisés à cette heure-là.

Sur les neuf heures, on voit courir les perruquiers saupoudrés des pieds à la tête (ce qui les fait appeler merlans), *tenant d'une main le fer à toupet, et de l'autre la perruque. Les garçons limonadiers, toujours en veste, portent du café et des bavaroises dans les chambres garnies...*

Sur les dix heures, une nuée noire des suppôts de la justice s'achemine vers le Châtelet et vers le palais...

A midi, tous les agents de change et les agioteurs se rendent en foule à la Bourse, et les oisifs au Palais-Royal...

A deux heures, les dîneurs en ville, coiffés, poudrés, arrangés, marchant sur la pointe du pied de peur de salir leurs bas blancs, se

Au XVIIIᵉ siècle, l'usage de boire le matin du café au lait (ou «lait cafeté») se généralise dans toutes les classes de la société parisienne.

rendent dans les quartiers les plus éloignés. Tous les fiacres roulent à cette heure...

A trois heures, on voit peu de monde dans les rues, parce chacun dîne : c'est un temps de calme, mais qui ne doit pas durer longtemps.

A cinq heures et un quart, c'est un tapage affreux, infernal. Toutes les rues sont embarrassées, toutes les voitures roulent en tous sens, volent aux différents spectacles, ou se rendent aux promenades...

Le jour tombe, et tandis que les décorations de l'opéra sont en mouvement, la foule des manœuvres, des charpentiers, des tailleurs de pierre regagnent en bandes épaisses les faubourgs qu'ils habitent... Ils vont se coucher, lorsque les marquises et les comtesses se mettent à leur toilette.

A neuf heures du soir, le bruit recommence. C'est le défilé des spectacles...

A onze heures, nouveau silence. C'est l'heure où l'on achève de souper; c'est l'heure aussi où les cafés renvoient les oisifs, les désœuvrés et des rimailleurs à leurs mansardes...

A une heure du matin, six mille paysans arrivent, portant la provision des légumes, des fruits et des fleurs. Ils s'acheminent vers la halle...

A six heures, les boulangers de Gonesse, nourriciers de Paris, apportent deux fois la semaine une très-grande quantité de pains... Bientôt les ouvriers s'arrachent de leur grabat, prennent les instruments de leur profession, et vont aux ateliers. Le café au lait (qui le croirait?) a pris faveur parmi ces hommes robustes. Au coin des rues, à la lueur d'une pâle lanterne, des femmes portent sur leur dos des fontaines de fer-blanc, en servent dans des pots de terre pour deux sols.

Sébastien Mercier

« Le beau monde » de 1785-1786, extrait du *Cabinet des modes ou les Modes nouvelles,* premier journal de mode parisien

La matinée de chaque dimanche suffit à peine aux gens qui viennent se faire plâtrer les cheveux.

La toilette d'un notable par le perruquier

L'habitude de poudrer les perruques fit surnommer « merlans » les perruquiers, car ils étaient toujours enfarinés comme des merlans que l'on va frire.

La prise de la Bastille

La barrière de Passy incendiée par les émeutiers, le 12 juillet 1789

Pour mieux prélever les taxes dont sont frappées les marchandises qui entrent dans Paris, les fermiers généraux ont obtenu de Louis XVI l'autorisation de faire construire une muraille autour de la ville – depuis que les remparts ont été abattus, les fraudes sont faciles. Soixante barrières d'octroi percent cette enceinte de 21 kilomètres. Ce contrôle fiscal exaspère le peuple : *le mur murant Paris rend Paris murmurant.* Avant même la prise de la Bastille, le 12 juillet, la foule des émeutiers attaque le mur des fermiers généraux et incendie plusieurs bureaux d'octroi.

En ce printemps 1789, l'agitation est vive dans Paris. Depuis longtemps la révolte couve. L'hiver a été terrible et les récoltes sont désastreuses. Le blé est cher, à nouveau le prix du pain s'envole : 4 sous la livre, alors que le salaire moyen d'un ouvrier est de 16 sous par jour ! Déjà, en mai 1775, devant son prix exorbitant, le peuple en colère a pillé les boulangeries de la capitale.

Crises financières, inégalités sociales, chômage, menaces de disettes provoquent de plus en plus d'émeutes dans le pays et la capitale. Le 28 avril, les ouvriers du faubourg Saint-Antoine dévastent et incendient une fabrique du quartier. La troupe tire, fait des morts, des blessés.

Dans Paris, la tension monte, l'agitation grandit. Les bruits les plus divers courent : des brigands menacent le peuple, les aristocrates veulent affamer les Parisiens.

Les patriotes ayant rallié à leur cause les gardes-françaises, le roi envoie des régiments étrangers aux portes de la capitale. Excédé, le peuple s'arme, dévalise les armureries, prend les fusils et les canons de l'hôtel des Invalides. On sonne le tocsin, on organise des milices.

*Tout ce que je vois jette les semences d'une révolution
qui arrivera immanquablement
et dont je n'aurai pas le plaisir d'être témoin.*
Voltaire

Le 14 juillet, un millier de Parisiens se rend à la Bastille. Après un siège violent, la vieille forteresse, symbole détesté du pouvoir royal, tombe. Ivre de vengeance, la foule massacre le gouverneur et le prévôt de Paris, puis promène, au bout des piques, leurs têtes coupées.

La révolution commence, bien d'autres têtes vont tomber.

Aux premiers coups de feu,
tirés de la forteresse, la foule riposte.

Construite au XIVᵉ siècle sous Charles V pour défendre le côté est de Paris, la Bastille deviendra par la suite une prison.
Sa démolition commence quelques jours après l'insurrection du 14 juillet 1789.
Chargé des travaux d'arasement, l'entrepreneur Palloy fait sculpter dans 83 de ses pierres des maquettes du monument qu'il expédie dans toute la France. Une grande partie des pierres de la forteresse serviront à la construction du pont de la Concorde.

Le Temple

La tour du Temple qui servit de prison à la famille royale fut rasée en 1808.

Après quelques mois d'emprisonnement, Louis XVI est guillotiné le 21 janvier 1793, place de la Révolution (ancienne place Louis-XV et future place de la Concorde). 2 800 personnes, dont la reine Marie-Antoinette, seront exécutées à Paris et 14 000 dans le reste de la France.

Au début de la Révolution, Louis XVI accepte de nombreuses réformes et sauve provisoirement son trône. Mais la patrie est en danger, menacée par les souverains étrangers. Le roi est accusé de trahison. Exaspérés, les Parisiens s'insurgent et s'emparent du palais des Tuileries le 10 août 1792. Le roi est déposé et emprisonné avec sa famille dans la tour du Temple.

Ce vaste domaine fortifié, situé au nord-est de la place de Grève, était le fief des Templiers, les premiers banquiers d'Europe. Trop riches pour ne pas susciter la jalousie du pouvoir royal, les Templiers finirent sur le bûcher – et leurs biens furent confisqués – en 1314. Une partie du domaine sera alors attribué aux hospitaliers de Saint-Jean (aujourd'hui, chevaliers de Malte).

Jusqu'à la Révolution, l'enclos du Temple est un lieu d'asile inviolable où se réfugient essentiellement les gens menacés de prison pour dettes. Quatre mille personnes, exemptées d'impôts, vivent dans cette forteresse privilégiée. Le commerce y est très actif. Non soumis aux règles corporatives, les artisans travaillent en toute liberté et créent ce que l'on appellera l'article de Paris : objets de mode, bimbeloterie, maroquinerie.

Louis XVI et Marie-Antoinette

20

Les sans-culottes

Le sans-culotte doit son nom à sa tenue : il ne porte pas la culotte courte et les bas de soie de l'artistocrate, mais un pantalon long de bure rayée. Son bonnet phrygien rouge, à cocarde tricolore, rappelle celui que portaient les esclaves affranchis chez les Grecs et les Romains, qui devint l'insigne de la liberté dans ces pays. La carmagnole, une veste courte à gros boutons, complète sa tenue.

Affiche de 1783 représentant les principaux attributs de la République. Les trois couleurs du drapeau français apparaissent au début de la Révolution : le bleu et le rouge, couleurs de la ville de Paris, encadrent le blanc, symbole de la royauté.

Les sans-culottes sont des révolutionnaires issus du peuple : petits commerçants, ouvriers, artisans. Ils se battent pour l'égalité, tutoient car c'est une marque de fraternité, s'appellent « citoyen ». Passionnés, fanatiques, ils sont les premiers à punir les aristocrates et les traîtres. Pour eux, la Terreur est un légitime moyen de défense et la guillotine, leur arme.

Un couple de sans-culotte

> *Le peuple en ce jour sans cesse répète*
> *Ah! ça ira, ça ira, ça ira!*
> *Suivant les maximes de l'Evangile,*
> *Ah! ça ira, ça ira, ça ira!*
> *Du législateur tout s'accomplira,*
> *Celui qui s'élève, on l'abaissera,*
> *Celui qui s'abaisse, on l'élèvera.*

Cette chanson populaire, une des plus célèbres de la Révolution, était plus un chant d'espoir que de vengeance dans sa première version. Mais quand on lui rajouta le refrain:

> *Ah! ça ira, ça ira, ça ira!*
> *Les aristocrates à la lanterne!*

il devint, avec *la Carmagnole*, une sorte de cri de ralliement des partisans de la Terreur.

Incroyable
et *merveilleuse*

Costumes parisiens
sous le Consulat et
l'Empire
1/Homme en 1802
2/3 Couple, en 1810
4/Mère et ses deux
enfants en 1805
5/Ouvrière en mode
en 1810

Les modes parisiennes

Les orages révolutionnaires passés, un irrésistible besoin de jouir de tous les plaisirs s'est emparé de la capitale. Jamais on n'a autant dansé.

La mode est aux folies les plus extravagantes : cheveux poudrés nattés sur les tempes en *oreilles de chien* ou rasés, un anneau à l'oreille, de grosses lunettes sur le nez et un bâton noueux à la main pour les *muscadins* ou *incroyables.* Les *merveilleuses* arborent d'immenses chapeaux, se drapent de tuniques transparentes en tulle ou en dentelle.

Le langage est précieux, zézayant : on ne prononce plus le *r* et le *ch*, le *z* remplace le *j*. On dit : « Bonzou mon ser. Ma pa'ole d'honneu, en véité, c'est incoyable »...

Paris impérial

Napoléon a pour Paris des projets grandioses. Tels les empereurs romains, il dresse des monuments qui commémoreront ses victoires : l'église de la Madeleine, dont il veut faire un temple de la Gloire dédié à l'armée impériale, la colonne Vendôme, coulée avec le bronze des canons pris à l'ennemi, l'arc de triomphe du Carrousel et celui de l'Etoile (terminé seulement en 1836).

Il fait ouvrir de nouvelles rues, aménager des trottoirs, numéroter les maisons, bâtir des marchés et des abattoirs, percer des égouts, border de quais la Seine...

Les ponts d'Iéna et d'Austerlitz sont construits, ainsi que la passerelle des Arts, premier pont en fer construit en France.

L'eau est rare et chère. Pour y pallier, l'Empereur fait creuser le canal de l'Ourcq qui permet d'alimenter toute une série de nouvelles fontaines. Il écrit :

Il est honteux qu'on vende de l'eau aux fontaines de Paris... Le but auquel je veux arriver est que les cinquante fontaines actuelles coulent jour et nuit, depuis le 1er mai prochain, qu'on cesse d'y vendre de l'eau et que chacun puisse en prendre autant qu'il en veut.

Napoléon

Je voulais que Paris devînt quelque chose de fabuleux, de colossal, d'inconnu jusqu'à nos jours.

Napoléon

1/L'église de la Madeleine
2/La colonne Vendôme
3/L'arc de triomphe du Carrousel

23

Le gamin de Paris

Notre héros est bien mieux que le fils d'un prince, il est le gamin de Paris.

Les barricades durant les Trois Glorieuses, journées révolutionnaires des 27, 28 et 29 juillet 1830.

Un régime chasse l'autre... Les Bourbons ont remplacé Napoléon, mais le peuple de la capitale est resté le même, courageux, gouailleur, irrévérencieux. A l'image de Gavroche, légendaire gamin de Paris, immortalisé par Victor Hugo dans *Les Misérables*.

Gai, insouciant, malicieux, le gamin de Paris sait tout, il connaît tout. Pas une rue, pas un passage de sa ville ne lui est inconnu. Sa casquette sur l'oreille, vêtu d'une blouse d'atelier,

Cet enfant, ou si vous aimez mieux, cet homme ainsi fait, résume en entier ce qu'on appelle l'esprit français : indépendance indomptée, noble cœur, mauvaise tête, gai visage, malice sans fiel, jeunesse éblouissante et ébouriffée ; tous les instincts généreux, l'intelligence la plus hardie, le regard le plus fin, la vanité la plus charmante ; tel est le gamin de Paris...

Jules Janin

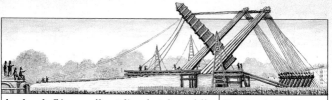

badaud, flâneur, il est l'ami et le public de tous les plaisirs gratuits. Dès qu'il a trois sous, il achète un cornet de pommes frites et, d'un air narquois, les mange à la barbe des passants, se riant des gendarmes et des bourgeois.

Le 27 juillet 1830, les Parisiens descendent dans la rue pour défendre la liberté de la presse : trois journées révolutionnaires – les Trois Glorieuses –, des morts, des blessés et une victoire populaire qui ne servira finalement qu'à amener Louis-Philippe sur le trône. Le gamin de Paris est encore là, qui aide à dresser des barricades, qui se bat, tel Gavroche, un fusil plus grand que lui à la main, ne craignant pas de sortir à découvert pour chercher des cartouches sur le cadavre de l'ennemi.

Paris en colère dresse des barricades
En 1588, les Parisiens favorables au duc de Guise bloquent les rues au moyen de *barriquades* (entassements de barriques remplies de terre). En 1648, une deuxième « Journée des barricades » marquera le début de la Fronde. Obstacles efficaces dans les rues étroites, vite dressées à partir de matériaux de fortune (poutres, pavés, troncs d'arbre, voitures...), les barricades surgissent lors de tous les soulèvements populaires : des Trois Glorieuses à la Révolution de 1848. Une tradition parisienne qui revivra en Mai-68...

Erection de l'obélisque de Louqsor, place de la Concorde
Le 25 octobre 1836, 200 000 personnes assistent à l'érection de l'obélisque égyptien offert au roi Louis-Philippe par le sultan d'Egypte Méhémet-Ali.
Le monument, vieux de 33 siècles, provient du temple de Ramsès II à Thèbes.
Il faudra trois heures – trois heures de vive émotion – pour dresser sur son piédestal ce monolithe de 230 tonnes.

D'où il vient ? quelle est son origine ? où il va ? Eh! dites-moi d'où viennent ces moineaux francs qui ont usurpé sans façon les plus belles places et les plus beaux jardins de la ville.
Véritablement je ne serais pas étonné que le gamin de Paris et le moineau franc fussent les enfants de la même nichée. Mais que la ville serait triste si elle était privée de ces piauleurs!

Les Grands Boulevards

La Foire aux étrennes, sur les Boulevards
Pendant trois semaines, à la veille et au lendemain du jour de l'An, les Boulevards s'animent d'une vie nouvelle.
De la Madeleine à la Bastille, des centaines de petites baraques ou étalages de camelot en plein vent surgissent sur les trottoirs (852 dénombrés en 1887!). Du côté de la Bastille se tient la Foire aux oranges. Ailleurs, c'est le triomphe de «l'article de Paris» : jouets, bimbeloterie, objets de luxe ou articles à bon marché.

Etabli à partir de 1670 à l'emplacement des remparts de Charles V, les Grands Boulevards restent longtemps un agréable lieu de promenade. Peu à peu, cafés et théâtres s'y multiplient. Au XIXe, les Boulevards sont au centre de la vie parisienne.

A l'ouest, sur le boulevard des Italiens, le Tout-Paris se fait voir aux terrasses des cafés et des pâtisseries, soupe et danse au *Café Royal* et *Chez Alexandre*.

Sur les trottoirs, les badauds font cercle autour des saltimbanques, grimaciers, illusionnistes, montreurs de phénomènes... Les enfants vont au spectacle d'ombres chinoises et de marionnettes du théâtre Séraphin, visitent *le Cosmorama, le Géorama, l'Europorama* qui exposent les sites et monuments «des quatre parties du monde».

Le boulevard du Temple

*Cette zone est le boulevard des Italiens du peuple,
mais elle n'est cela que le soir, car le matin tout y
est mort, sans activité, sans vie, sans caractère,
tandis que le soir, c'est effrayant d'animation.
Huit théâtres y apparaissent, incendiant des
milliers de spectateurs, cinquante marchés en
plein vent y vendent des comestibles et
fournissent la nourriture au peuple qui donne
deux sous à son ventre et vingt sous à ses yeux.
C'est le seul point de Paris où l'on entend
des cris de Paris, où l'on voit le peuple grouillant
et ces guenilles à étonner un peintre...*

Honoré de Balzac

Le boulevard du
Temple, surnommé
«Boulevard du crime»
en raison des
mélodrames joués
chaque soir dans les
nombreux théâtres
qui le bordent
(notamment le Théâtre
historique, fondé en
1847 par Alexandre
Dumas).
Tous ces théâtres ont
été rasés en 1862 lors
de l'aménagement
de la future place de
la République.

Plus loin, sur le boulevard du
Temple, les théâtres se succèdent. Des
queues interminables se forment au
guichet (elle commence vingt-quatre
heures à l'avance pour la première de
La Reine Margot d'Alexandre Dumas!).

Dame girafe à Paris

Samedi 30 juin 1827... Tout Paris est en émoi :
la girafe, cadeau du pacha d'Egypte au roi
Charles X, arrive ! Cet animal exotique n'a
encore jamais été vu vivant dans la capitale.
A cinq heures du soir, encadrée par quatre
Africains, escortée de vingt-cinq gendarmes à
cheval, elle fait une entrée triomphale dans Paris.
En six mois, 600 000 visiteurs viendront l'admirer
au Jardin des Plantes où elle est logée
comme une princesse. La mode est à la girafe.
Elle influence tout : la petite littérature, l'imagerie,
les toilettes, les coiffures, la porcelaine, le décor
de la vie quotidienne...
La girafe vécut jusqu'en 1845 et finit empaillée.

La vie sur le fleuve

Pendant des siècles, Paris s'approvisionne principalement par la Seine.

Si, à la fin du XIIIe siècle, la capitale ne compte que trois ports (celui de Saint-Landry, le premier port de la Cité, celui de Grève et celui de Saint-Gervais), en 1710, toute une suite de ports particuliers s'échelonnent le long de la rive droite. Il y a le port au Foin, au Sel, au Vin, au Blé.

Hiver comme été, sauf lors des crues, coches d'eau, pataches et barges de toutes sortes sillonnent le fleuve.

Au port Saint-Paul – où arrivent le vin, le fer, les épices –, les coches d'eau pour les voyageurs en partance pour Corbeil, Melun, Auxerre sont amarrés. Les « galiotes » du Pont-Royal desservent quotidiennement Sèvres et Saint-Cloud.

Plus tard, les bateaux-mouches assurent un service de transport en commun : en 1902, ils transporteront 22 millions de voyageurs.

Sur les rives de Bercy et dans l'île Louviers s'entassent d'immenses chantiers de bois flotté. Paris en fait une consommation très importante car il est indispensable à la construction des habitations, des ponts, et, bien sûr, au chauffage.

Au XVIᵉ siècle, une grande partie de ce bois de chauffage arrive du Morvan et du Nivernais par bateau. Mais la charge est limitée et la remontée du fleuve au retour de Paris, longue et pénible : il faut lutter contre le courant et faire haler les embarcations par des hommes ou par des chevaux.

En 1549, Jean Rouvet améliore ce transport en inventant le flottage par «train», constitué de bûches solidement assemblées entre elles.

L'île Louviers en 1670 En amont de la Bastille, cet îlot est aujourd'hui réuni à la terre ferme.

Une «part», moitié d'un train de bois

La majorité de ces trains de bois se forme à Clamecy, dans la Nièvre, et descend à Paris par l'Yonne et la Seine. Chacun est conduit par un équipage de deux hommes : le «flotteur», à l'avant, qui dirige la navigation et se sert d'une perche pour guider son long serpent de bois à travers les méandres du fleuve et un apprenti qui dirige l'arrière.

Ce trafic prend une importance énorme : de 3 000 à 4 000 trains de bois à brûler arrivent chaque année à Paris ! Les nouveaux moyens de chauffage font disparaître l'industrie du flottage vers la fin du XIXᵉ siècle.

Un train de bois – sorte de grand radeau de 72 mètres de long sur 5 mètres de large – descendant le fleuve.

Un fendeur de bois de chauffage proposant ses services.

29

Autour de l'eau

Un porteur d'eau, au XIXᵉ siècle

Les voitures des « bains à domicile » sont chargées d'une baignoire, d'un tonneau d'eau et de deux seaux. Après avoir monté la baignoire chez le client, les livreurs apportent l'eau chaude, seau par seau.

De tout temps, l'alimentation en eau a été préoccupante. Les premiers habitants utilisent d'abord l'eau de la Seine, mais, lorsque la ville prend de l'extension, il faut satisfaire à ses nouveaux besoins.

Dès le début du Moyen Age, on commence à creuser des puits là où les nappes sont le plus accessibles. Mais cette eau est souvent boueuse, polluée par les immondices que les habitants jettent dans la rue. Pour l'assainir, on fait appel au cureur de puits qui crie dans les rues pour signaler son passage :

Si quelqu'un de vous trouble l'eau
De votre puits, n'en tirez peine :
Ma drape, mon crochet, mon seau
Le feront clair comme fontaine.

BAINS A DOMICILE

Le premier lavoir est établi en 1623 sur un bateau dit *La Sirène*. Deux siècles plus tard, les bateaux-lavoirs sont au nombre de 23 répartis sur la Seine et 6 sur le canal Saint-Martin. Ces bateaux appartiennent à des particuliers et offrent aux ménagères et blanchisseuses une «place pour laver», un baquet, de l'eau et du savon.
Le prix varie en fonction de la quantité de linge. Largement concurrencés par les lavoirs publics créés en 1840, gênant la navigation fluviale, polluant la Seine, ils disparaissent peu à peu dans la seconde moitié du XIXe siècle. A cette époque, plus de 55 000 blanchisseuses travaillent à Paris.

Bateau-lavoir sur la Seine

Une blanchisseuse

Vers 1835, on dénombre environ 30 000 puits et 127 fontaines dans la capitale. Les trois premières fontaines publiques datent du XIIe siècle. C'est là, en principe, que les porteurs d'eau viennent remplir leurs seaux. Défense leur est faite de puiser au lit de la Seine, depuis la place Maubert jusqu'au Pont-Neuf, «à cause de l'infection et impureté des eaux qui y croupissent».

A la fin du XVIIIe siècle, les porteurs d'eau sont environ 20 000, presque tous Auvergnats. Deux seaux de 20 à 25 litres chacun montés aux premier et deuxième étages coûtent deux sous, et trois sous à tous les autres étages. Les porteurs les plus robustes font jusqu'à trente voyages par jour. L'installation progressive de l'eau courante fit totalement disparaître cette corporation vers 1900.

Un cureur de puits

Le Paris du travail

Au XIXe siècle, l'entrée de la ville dans l'ère industrielle entraîne une forte immigration des provinciaux à la recherche de travail vers la capitale. En 1802, Paris ne compte que 550 000 habitants. Cinquante ans après, sa population aura doublé.

Entre une bourgeoisie qui ne cesse de s'enrichir et l'univers modeste des fonctionnaires, artisans, boutiquiers, l'écart s'accentue de plus en plus. Quant à la masse misérable des ouvriers, son sort est souvent tragique.

La ville se scinde. A l'ouest, les beaux quartiers, où sont installées les classes aisées ; à l'est, les quartiers populaires, où le petit peuple s'entasse dans des conditions d'hygiène et de confort déplorables.

La masse des indigents est de plus en plus importante. Dans chaque arrondissement, des bureaux de bienfaisance, organisés depuis la Révolution, distribuent des secours de toute nature aux plus nécessiteux : bons de pain ou de viande, vêtements chauds, médicaments, consultations gratuites de médecins... En 1861, plus de 90 000 indigents seront secourus.

Des dortoirs ou asiles de nuit très rudimentaires accueillent les nombreux sans-abri qui hantent les rues et risquent d'y mourir de froid l'hiver.

Honoré de Balzac (1799-1850) et quelques personnages de la *Comédie humaine* Les *Scènes de la vie parisienne* font partie de cette œuvre immense où Balzac dépeint et analyse toutes les classes de la société de son temps.

Les Mystères de Paris d'Eugène Sue, un des plus célèbres romans populaires du XIXe siècle

Chaque année, dès la fin octobre, les ramoneurs arrivent de Savoie. Ils voyagent à pied, parcourant souvent 40 à 50 kilomètres par jour. Les plus jeunes n'ont parfois que huit ans et n'emportent, pour tout trésor, que leur animal de compagnie, la marmotte.

Pour lutter contre la mortalité des nourrissons et aider les mères qui travaillent, la première crèche pour enfants pauvres de moins de deux ans est ouverte en 1844 à Chaillot, quartier alors des plus nécessiteux. La mère peut y déposer son enfant dès 5 heures et demie du matin, venir l'allaiter aux heures des repas et le reprendre chaque soir à 20 heures. Un médecin visite la crèche tous les jours.

Jeunes ramoneurs en tenue de travail Leur petite taille leur permet de se glisser dans les conduits étroits des cheminées pour gratter et détacher les plaques de suie.

Le Mont-de-Piété
Fondé en 1777 pour combattre les abus de l'usure, le Mont-de-Piété de Paris (appelé aujourd'hui Crédit municipal) reste, tout au long du XIXe siècle, le dernier recours de ceux qui sont dans le besoin. On y engage tout, même le nécessaire.
A longueur de journée défilent tous ceux qui, sur un objet quelconque, viennent emprunter un peu d'argent. Au cours de la seule année 1847, plus d'un million et demi d'articles y ont été mis en gage.

Le bureau des engagements du Mont-de-Piété

ENGAGEMENT

Le Paris du baron Haussmann

Le baron Haussmann (1809-1891)
Il transforme Paris par des travaux d'une ampleur sans précédent :
percement de grands boulevards, construction d'édifices publics, de cimetières, aménagement de parcs, travaux d'adduction d'eau et de gaz, création de réseaux d'égouts.

Les ruines se sont tous les jours accumulées davantage dans l'ancien Paris, et tous les jours la ville nouvelle a continué d'en sortir plus à l'aise et plus superbe. A chaque monument qui tombait, à chaque vieille rue qui s'effaçait, elle se faisait une plus large place, et, du même coup, elle taillait à notre histoire une plus large page...

Edouard Fournier

En 1832 et 1848, le choléra, né des taudis et des ruelles insalubres, fait 50 000 victimes, 11 500 en 1853...

Napoléon III décide d'aérer Paris, de l'assainir, d'en faire disparaître les trop nombreux cloaques hérités du Moyen Age. Il s'agit aussi de rendre plus facile la répression des soulèvements populaires, comme ceux de 1830 et 1848, en supprimant les ruelles tortueuses où peuvent aisément s'élever des barricades...

L'île de la Cité, en cours d'éventration
Elle sera quasi rasée.

Pour entreprendre ces travaux gigantesques, Napoléon III choisit comme collaborateur un homme énergique, le baron Haussmann, nommé préfet de la Seine en 1853. En quinze ans, malgré les violentes attaques dont il est l'objet, il apportera à la capitale plus de transformations qu'elle n'en avait subies en quelques siècles.

Paris devient un vaste chantier où des milliers d'ouvriers, accourus du Limousin, d'Auvergne ou de Savoie travaillent jour et nuit. On exproprie, on démolit, on éventre les quartiers anciens, on perce de larges avenues asphaltées, rectilignes, bordées de maisons uniformes.

Parmi 160 kilomètres de voies publiques créées, les plus importantes sont la « grande croisée » de la place de l'Etoile à la place du Trône et de la gare de l'Est à l'Observatoire, les Grands Boulevards et l'avenue de l'Opéra qui dégage le cœur de Paris.

La ville moderne est née, mais les amoureux des vieilles pierres, les poètes, pleurent leur cher Paris à jamais disparu...

> *Le vieux Paris n'est plus!*
> *(la forme d'une ville*
> *Change plus vite, hélas!*
> *que le cœur d'un mortel!)*
> Charles Baudelaire

L'embarcadère des chemins de fer du quartier de l'Europe, qui deviendra plus tard la gare Saint-Lazare.

La ligne Paris-Saint-Germain-en-Laye, la première ligne de chemin de fer de France, est inaugurée le 26 août 1837, à l'occasion de la Fête des loges. Le train s'arrête au bas de la côte du Pecq; le voyage se termine en diligence. En 1850, la capitale comptera 7 gares.

Immeuble typique du nouveau Paris du XIXe siècle

La capitale doit au baron Haussmann une grande part de son aspect actuel.

Le fastueux Second Empire

Charles Garnier (1825- 1898), architecte de l'Opéra de Paris, inauguré en 1875
Cet édifice que Garnier a voulu grandiose est caractéristique du style du Second Empire par son ornementation fastueuse.
Aujourd'hui encore, l'Opéra est l'un des plus illustres théâtres lyriques du monde.

Devenu en quelques années une métropole prestigieuse, Paris atteint, sous Napoléon III, un des sommets de son rayonnement. Ses dimensions actuelles sont atteintes : onze communes, comprises entre les barrières de l'octroi et les fortifications édifiées entre 1841 et 1845, sont annexées. A partir du 1er janvier 1860, les habitants de Passy, Vaugirard, Grenelle, Montmartre, Belleville, entre autres, deviennent Parisiens. La capitale compte désormais 20 arrondissements, divisés en 80 quartiers.

Provinciaux et étrangers affluent vers la capitale. C'est l'époque des fastueuses réceptions dans les salons impériaux des Tuileries ou ceux des riches aristocrates, celle des valses de Strauss et des amples crinolines, des bals costumés, des cafés-concerts : en un mot, celle de la joyeuse *Vie parisienne* de Jacques Offenbach... Rendez-vous du Tout-Paris, les Champs-Elysées deviennent le symbole de l'élégance et du bon goût.

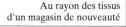

Au rayon des tissus d'un magasin de nouveauté

Au XIXe siècle, avec la naissance des grands magasins, le commerce connaît une vraie révolution.

En 1852, Aristide Boucicaut a l'idée de génie d'organiser le premier grand magasin de nouveautés : *Au Bon Marché*. Il impose sa règle de travail : « vendre tout, à petit bénéfice et entièrement de confiance ». Plus de prix « à la tête du client », ni de marchandage. Les prix sont affichés et restent fixes. L'entrée est libre, sans obligation d'achat. On peut se promener en toute tranquillité parmi les innombrables rayons qui s'étalent sur plusieurs étages. Les clients peuvent échanger ou se faire rembourser les marchandises. Des voitures aux couleurs du magasin assurent la livraison à domicile. Tout est fait pour attirer la clientèle : le mois du « blanc », les prix exceptionnels, les chromos-images publicitaires pour les enfants.

D'autres magasins se créent :
Le Louvre en 1855,
Le Printemps en 1865,
La Samaritaine en 1870,
puis *Les Galeries Lafayette* en 1895.

Dans l'alimentation, Félix Potin avait déjà ouvert, vers 1850, des magasins à succursales multiples.

La grande cascade du bois de Boulogne Aménagé à grands frais, le bois devient un lieu à la mode et élégant. Promeneurs, cavaliers, équipages luxueux viennent y flâner le long des belles allées. L'hiver, on y patine sur le lac.

Marchande d'oublies ambulante (les *oublies* sont des pâtisseries très minces, roulées en cornet). Le couvercle de la boîte sert de petite loterie : le joueur tourne une aiguille qui indique le nombre d'oublies qu'il a gagnées.

L'octroi

Pour subvenir à ses dépenses, la capitale perçoit alors des impôts sur toutes les marchandises qui entrent dans la ville : c'est l'octroi. Ces taxes sont encaissées à toutes les barrières de l'enceinte, aux gares, aux ports et dans les entrepôts.

Quiconque arrive dans Paris doit déclarer les produits qu'il transporte et acquitter le montant de la taxe. Toute voiture, calèche ou chariot, est visitée. Les commis d'octroi se servent d'une sonde pour vérifier les divers chargements : alcool, céréales, légumes secs, fourrage, sel, plâtre, chaux... et contrôler s'il n'y a pas de marchandises de contrebande dans les voitures, car les fraudeurs pullulent.

Dès que la nuit était tombée, la ville était littéralement prise d'assaut : les cabaretiers des villages de la banlieue dressaient leurs échelles contre le mur d'enceinte, et les barils de vin, les bouteilles d'eau-de-vie, la viande, la charcuterie, le vinaigre, étaient descendus, à l'aide de cordes, aux complices qui attendaient dans le chemin de ronde...
Maxime du Camp

Prenez garde! n'éveillez pas mon petit.

Caricature du XIXe siècle

Le contrôle de l'octroi
Le trafic est considérable :
en janvier 1874, sur 24 heures, on compte que 38 949 voitures ont passé les barrières, que 468 trains sont entrés en gare et 128 bateaux aux ports.

Les gagne-petit

D'esprit ingénieux, le Parisien a su créer une foule de petites industries parfois très pittoresques, qui le fait vivre chichement mais lui laisse l'indépendance et le sentiment d'une liberté absolue. La ville fourmille de ces petits artisans ou marchands, chanteurs des rues et saltimbanques.

Ici, on croise l'homme-sandwich emprisonné entre ses planches publicitaires ; là, le ramasseur de crottes de chien pour le traitement des peaux des mégissiers. Voici le « Père la Lune » et son énorme télescope, le charmeur d'oiseaux, le tondeur de chiens fournisseur occasionnel de chats aux restaurants bon marché...

Il y a le berger en chambre vendeur de lait, la loueuse de sangsues pour les malades, l'ange gardien qui, en voiture à bras, reconduit les ivrognes à domicile... Sans oublier le marchand de feu qui alimente pour un sou les chaufferettes des dames des halles et le boulanger en vieux qui ramasse les vieux croûtons pour l'élevage des poules et des lapins.

Un chiffonnier *piqueur*, avec son crochet, sa hotte d'osier et son falot. Rien n'est perdu : vieux papiers, chiffons, métaux, verres, os, cheveux... tout est ramassé, trié et vendu. De quoi faire vivre 41 000 chiffonniers, en 1886.

Les restes des grandes maisons et des restaurants sont achetés puis revendus à bas prix sous le nom d'*arlequins*.

Marchande d'arlequins

L'année terrible

Gambetta, ministre de l'Intérieur, s'échappe de Paris assiégé à bord du ballon *Armand-Barbès*, le 7 octobre 1870.

Louise Michel (1830-1905), surnommée la Vierge rouge de la Commune Cette institutrice au grand cœur participe activement à la Commune. Toute sa vie, elle luttera pour la révolution sociale.

La déclaration de guerre avec la Prusse, en juillet 1870, entraîne une suite de désastres pour la France et Paris. Fin septembre, l'armée prussienne, victorieuse à Sedan, encercle la capitale. Courageusement, la ville s'organise en camp retranché. On s'affaire aux remparts, on fait entrer des vivres.

Optimistes, les Parisiens croient en la victoire. Mais, très vite, la situation devient intolérable. Le rationnement est mal organisé. La rigueur d'un hiver exceptionnel, les bombardements aggravent les souffrances de la population sans ravitaillement, ni moyen de chauffage. Les queues s'allongent devant les boutiques; les vivres atteignent des prix inabordables pour les petites gens.

On en vient à manger du chat, du chien, du rat. Les zèbres, les antilopes, les chameaux et les éléphants du Jardin des Plantes sont sacrifiés et vendus à prix d'or.

L'armistice est signé le 28 janvier 1871. Meurtris, humiliés, les Parisiens qui ont tant souffert n'acceptent pas la capitulation et l'installation du gouvernement à Versailles. Les incidents se multiplient. Le 18 mars, lorsque Thiers, nommé à la tête de la République, veut faire enlever les

canons de Montmartre, l'insurrection éclate. L'armée évacue la ville et un nouveau siège commence : celui de la Commune populaire par les troupes des versaillais.

C'est l'un des épisodes les plus atroces de l'histoire de Paris. Pendant la Semaine sanglante du 21 au 28 mai, plus de 20 000 hommes, femmes et enfants sont tués. Les derniers combats ont lieu le 28 mai. Après une lutte désespérée parmi les tombes du Père-Lachaise, 147 fédérés, défenseurs de la Commune, sont fusillés sans autre forme de procès contre le mur du cimetière.

Paris est maté. La répression est impitoyable : arrestations, emprisonnements, déportations se comptent par milliers, écrasant pour longtemps tout mouvement révolutionnaire.

La Seine charriait depuis quelques jours des cadavres, et les rues de Paris n'étaient qu'un charnier. Comment veut-on ne point maudire les chefs qui avaient poussé le peuple à ces massacres, à ces égorgements ?
Les incendies allumés partout,
la surexcitation de la lutte, l'atmosphère chargée de salpêtre, de soufre, tout exaspérait les soldats qui, dans leur colère, fusillaient les insurgés pris les armes à la main.

Jules Claretie

L'incendie de l'Hôtel de Ville le 24 mai 1871 Pendant la Commune, la ville perd d'irremplaçables trésors. 234 monuments et bâtiments sont ravagés par le feu : les Tuileries, le palais de Justice, la bibliothèque du Louvre.
Paris n'est plus alors qu'une ruine fumante.

Un marchand de rats pendant le siège de Paris, d'après N. Chaillou

On se nourrit d'épluchures,
De chats, de chiens et de rats...

La ville souterraine

Sous les rues et les monuments de la capitale, un immense labyrinthe de galeries, de couloirs, de cavernes et de grottes s'étend, obscur et silencieux. Ce vaste réseau souterrain provient en partie des anciennes carrières qui, depuis l'époque gallo-romaine, fournissaient aux Parisiens la pierre, l'argile, le plâtre nécessaires à la construction. Ces exploitations se feront longtemps sans précaution ni surveillance, s'étendant de plus en plus loin au fur et à mesure que Paris grandit.

Dans de nombreux quartiers, le sol, plus troué qu'une éponge, finit par s'effondrer, engloutissant rues, maisons, bêtes et gens, semant la panique dans Paris. Ainsi en 1774, près de la place Denfert-Rochereau, 300 mètres de chaussée disparaîtront soudain dans un gigantesque trou et, en 1778, sept personnes trouveront la mort à Ménilmontant.

Grâce à l'Inspection générale des carrières, créée en 1777, les excavations sont surveillées et consolidées, et la sécurité finit par être assurée.

Le monde souterrain, c'est aussi tout un réseau d'égouts, dont le premier, voûté et maçonné, est construit en 1370. Mais ce n'est qu'au XIXe siècle que le réseau moderne commencera à se développer.

Egoutiers vers 1900
Ils sont chargés de curer les égouts pour éviter qu'ils ne s'ensablent.
De nos jours, le public peut visiter les égouts dont l'entrée est située à l'angle du quai d'Orsay et du pont de l'Alma.

Henri Dayve, chasseur de rats « au sac », dans les égouts
Muni d'une lanterne et d'une musette, il réussit, durant le siège de Paris, à fournir plus de 12 500 rats aux Parisiens.

Gaz pour l'éclairage
et le chauffage
En 1873, la ville compte
99 700 abonnés et
36 500 becs de gaz.

Conduites d'eau
En 1900, 75 000 prises
d'eau desservent les
maisons, dont 10 000
possèdent le tout-à-l'égout.

Egouts
La longueur du réseau
est de 20 kilomètres
en 1800; de plus de
2 000 kilomètres en 1987.

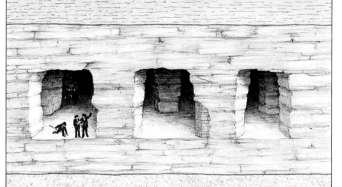

Carrières
D'une longueur totale de 300 kilomètres, les galeries s'étendent sous
presque tous les quartiers de Paris. De nos jours, seules les catacombes
peuvent être visitées par le public. Depuis 1812, certaines carrières ont
été aménagées par des entreprises agricoles qui y cultivent un produit
mondialement réputé : le « champignon de Paris ».

43

Bercy

Caviste des entrepôts de Bercy

Bercy sous les eaux en janvier 1910
Redoutables de tout temps, les crues de la Seine envahissent de nombreuses tois les entrepôts.
En 1836, 1876 et surtout en 1910 où la moitié de Paris est recouverte par les eaux, les inondations provoquent des dégâts considérables pour les bâtiments et les marchandises.

C'est à Bercy, village limitrophe de Paris, situé en amont de la Seine, qu'arrive par voie d'eau la majeure partie des vins et alcools destinés à la consommation des Parisiens. Progressivement, au début du XIXᵉ siècle, des petits entrepôts s'y intalent à l'ombre des arbres centenaires du parc du Petit Château et des riches domaines de la commune.

Echappant à l'octroi, le vin y est moins cher que dans la capitale. Les rives, couvertes de baraquements, s'égayent bientôt de cabarets et de guinguettes renommés pour leurs fritures et leurs *petits vins blancs*, rendez-vous des mariniers, des gastronomes et des joyeux fêtards.

Après l'annexion du village de Bercy à Paris en 1860, la situation privilégiée des entrepôts est bouleversée. La « cité des vins » est entourée de grilles puis restructurée sur des plans de Viollet-le-Duc. D'immenses entrepôts sont construits : Bercy devient alors le plus grand marché vinicole du monde.

Les acheteurs au détail de nos grands crus,(...) les plongeurs ou sommeliers de Paris constituent une sorte de Bourse à part, dont la rumeur et les parfums dépassent de beaucoup l'atmosphère des Bourses abstraites, où l'on ne se grise que de chiffres.
Léon-Paul Fargue

La Bièvre

Prenant sa source près de Versailles, la Bièvre se jetait autrefois dans la Seine, près du pont d'Austerlitz. Sous Louis XIV, on y pêche l'écrevisse et 24 moulins y font tourner leurs meules.

L'utilisation de ce petit cours d'eau par de multiples industries commence très tôt : les teinturiers d'abord, comme la famille Gobelins au XVe siècle, puis les tanneurs, peaussiers, mégissiers, chassés du centre de Paris en 1577. Trois siècles plus tard, on compte aussi des blanchisseurs, des maroquiniers, des fabricants de colle, d'amidon, de savon, de couleurs.

Chargée de déchets, transformée en cloaque malodorant, la Bièvre a été recouverte et transformée en égout. Elle n'est plus visible dans Paris depuis 1910.

Les tanneries des bords de la Bièvre

Patineurs du quartier de la Glacière
En gelant l'hiver, les débordements de la Bièvre se transformaient en patinoires très appréciées des Parisiens.
Dans ce quartier étaient extraites de grandes quantités de glace que l'on stockait pour l'été dans des puits recouverts de terre.

La capitale de l'art moderne

La statue de la Liberté en 1883 dans les ateliers du fondeur Gayet, rue de Chazelles, dans le XVIIe arrondissement.

La statue de la Liberté
Pour fêter le centenaire de l'indépendance des Etats-Unis, le sculpteur Auguste Bartholdi élève une statue colossale représentant *la Liberté éclairant le monde*.
La statue démontée en 300 pièces traversa l'Atlantique et arriva à New York le 11 juillet 1885. Elle mesure 46 mètres de haut et pèse 200 tonnes. Son armature intérieure est de Gustave Eiffel.

Paris est la grande métropole artistique et littéraire où affluent peintres et poètes du monde entier. Jamais l'art français n'a été aussi fécond que pendant la dernière moitié du XIXe siècle. Des styles, des formes et des rythmes nouveaux sont abordés.

Alors que la peinture académique continue de triompher dans les salons officiels, certains novateurs, comme Manet par exemple, ont bien du mal à faire accepter leurs nouvelles visions de l'art : réhabiliter la nature. Leurs toiles, durement critiquées et ridiculisées, ont heureusement quelques défenseurs comme Edmond de Goncourt et Emile Zola qui écrit : « Nos pères ont ri de Courbet, et voilà que nousnous extasions devant lui ; nous rionsde Manet, et ce seront nos fils qui s'extasieront en face de ses toiles. »

Auguste Rodin,
devant le buste et
une esquisse
de Victor Hugo
Sculpteur parisien,
réaliste et puissant,
il créa de nombreuses
œuvres magistrales.
Un musée lui est
consacré à Paris.

En 1874, un groupe de peintres, dont Monet, Renoir, Pissarro, Cézanne, Degas, provoque une véritable révolution dans l'art en tentant de restituer les sensations de la vie quotidienne. Leur exposition, organisée chez le photographe Nadar, boulevard des Capucines, fait scandale. La presse se moque, traite ces «impressionnistes» de gribouilleurs, de gratteurs de palette, de fumistes...

La gare Saint-Lazare,
par Claude Monet
Il s'acharne à fixer sur
sa toile les impalpables
vibrations de la
lumière. Sa toile
intitulée *Impression,
soleil levant,* baptisée
ironiquement par
un critique
impressionniste,
donnera son nom
au mouvement.

Les fêtes foraines

Un hercule de foire
Lutteurs, acrobates,
équilibristes,
contorsionnistes
provoquent surprise
et applaudissements
du public.

La Foire aux pains d'épice
Lorsqu'en 957 des moines de l'ordre de Saint-
Antoine ont l'idée de fabriquer des pains à base
de seigle, de miel et d'épices pour les distribuer
aux indigents, ils sont loin de se douter que leurs
« pains d'épice » donneraient naissance à une très
sympathique tradition qui, elle-même, donnera le
jour à la plus ancienne fête foraine de Paris : la
Foire aux pains d'épice, appelée Foire du Trône,
depuis la fin du XIXe siècle.
Pour remercier les moines de cet acte charitable,
le roi les autorise à vendre leurs pains la semaine
de Pâques : ainsi naît la tradition du pain d'épice,
vendu sous forme de petit cochon, en souvenir de
l'animal favori de saint Antoine.
Aujourd'hui, la Foire du Trône, principale fête
foraine de la capitale, se déroule chaque année
dans le bois de Vincennes.

La Foire aux pains d'épice
et ses cochons porte-bonheur

La vogue des fêtes foraines est extraordinaire dans le Paris du XIXe siècle : Foire aux jambons et à la ferraille, Fête à « neu-neu », à Neuilly, Fête de Saint-Cloud, Foire aux pains d'épice, sans oublier les traditionnelles fêtes de quartier, comme celles de la place d'Italie, du boulevard Rochechouart ou du Lion de Belfort.

A la Belle Epoque, les fêtes foraines battent leur plein et attirent un nombre considérable de Parisiens.

Partout les baraques s'entremêlent : manèges de chevaux de bois, montagnes russes, balançoires. Ici, on trouve les ménageries, les cirques, les montreurs de phénomènes et, sur les estrades, la parade des lutteurs défiant les amateurs. Ailleurs, ce sont les loteries, les tirs, les jeux de massacre, d'adresse, les stands de gourmandises sucrées ou salées : saucisses, frites, beignets, guimauves, nougats.

Parmi les nasillants hautbois
Des vieux orgues de Barbarie,
Vire sous la verroterie
La cavalerie
Des chevaux de bois
Virez, virez à perdre haleine,
Bons chevaux chantés par Verlaine.

Jean Richepin

Baraque foraine de cinéma
C'est dans les foires que le cinéma commence à remporter ses premiers succès populaires.
Pour attirer les spectateurs, clowns et bonimenteurs faisaient la parade pour vanter ces spectacles « sensationnels ».

L'Arroseur arrosé, un des premiers films des frères Lumière
Le 28 décembre 1895, au sous-sol du Grand Café, 14 boulevard des Capucines, a lieu la première projection publique du Cinématographe.
Prix du fauteuil : 1 franc ;
au programme : une dizaine de documentaires, dont *La Sortie des usines Lumière* et *L'Arrivée d'un train à La Ciotat.*

49

Les Expositions universelles

Le palais de l'Industrie, vedette de l'Exposition universelle de 1855, s'élevait en bas des Champs-Elysées.

Le palais du Trocadéro lors de l'Exposition de 1878

Il sera démoli pour l'Exposition de 1937 et remplacé par l'actuel palais de Chaillot.

Six Expositions universelles ont eu lieu à Paris. La première s'y tient en 1855, puis une deuxième plus importante en 1867 au Champ-de-Mars. Onze millions de visiteurs et souverains illustres ont ainsi tout loisir d'admirer la prestigieuse capitale de Napoléon III et du baron Haussmann.

L'Exposition de 1878 marque le relèvement de la France après les désastres de la guerre. Le palais du Trocadéro est édifié à cette occasion, sur les hauteurs de Passy.

Pour célébrer avec éclat le centenaire de la Révolution, le gouvernement décide d'organiser une manifestation grandiose lors de l'Exposition de 1889. Sur 700 projets examinés, un finit par être retenu : celui de la tour en fer de 300 mètres de haut, de l'ingénieur Gustave Eiffel.

Pourtant ce projet est loin de faire l'unanimité. Critiques et protestations affluent. Un violent manifeste, rédigé par des personnalités du monde des arts et des lettres (dont Charles Garnier, Maupassant, Verlaine), s'élève contre cette tour « inutile » qui « déshonore » Paris.

Deux ans suffisent pour assembler, au moyen de 2 500 000 rivets, les 18 000 pièces de la tour Eiffel.

Tout ce qu'un homme est capable d'imaginer, d'autres seront capables de le réaliser.
Jules Verne
alias Capitaine Nemo

1889

L'ingénieur Gustave Eiffel, le « père » de la Tour

Achevée le 31 mars 1889, la tour Eiffel devint rapidement le symbole universellement connu de la capitale.

L'Exposition de 1900 connaît un succès fou : 40 millions de visiteurs affluent du monde entier ! Pour les véhiculer, des prouesses d'imagination sont déployées : trottoirs roulants, train électrique, bateaux-mouches et, surtout, mise en service du métro. Venus de la France entière, 20 000 maires assistent au banquet qui leur est offert dans le jardin des Tuileries.

L'*Expo*, comme on disait, est une fête gigantesque où s'étalent toutes sortes de merveilles, des dernières techniques aux produits les plus curieux. Le dépaysement est assuré par la reconstitution du vieux Paris et celle, pittoresque, de la « rue des Nations » où tous les pays sont représentés. Le clou de la fête est le palais de la « fée » Electricité qui, le soir, transforme Paris en univers de rêve. De cette époque, il nous reste le Grand et le Petit Palais, ainsi que le pont Alexandre-III dédié à l'alliance franco-russe. 1937 sera l'année de la dernière Exposition internationale que connut Paris.

La Grande Roue de l'avenue de Suffren, une des principales attractions de l'Exposition de 1900 Cette *« gigantesque roue de bicyclette, capable de transporter dans une magique ascension 1 600 voyageurs »*, mesurait 106 mètres de haut et comportait 40 wagons de bois, dont certains faisaient restaurant. Elle disparut en 1923.

Les nouveaux modes de transport

Entrée d'une station
du métropolitain
La réalisation de
141 entourages d'accès
du métro est confiée
à un jeune maître de
l'Art nouveau,
Hector Guimard.

Une élégante
« cyclowoman » de 1900
On apprenait à monter
à bicyclette sous
la surveillance de
moniteurs en uniforme
dans le palais des sports.

A l'approche de l'Exposition de 1900, la circulation dans Paris est de plus en plus préoccupante. Fiacres, omnibus à impériale, tramways à traction animale ou à vapeur sillonnent les rues mais ne suffisent plus aux besoins énormes de la capitale. Un nouveau mode de transport devient indispensable. Dirigés par l'ingénieur Fulgence Bienvenüe, les travaux de la première ligne du métropolitain ne dureront que 2 ans.

Un des premiers wagons du métropolitain

Le 19 juillet 1900, les premiers voyageurs, étonnés et ravis, parcourent en 25 minutes le trajet Vincennes-Maillot. Le succès est immédiat.
Au début, les premières rames ne comportent que trois voitures. A chaque arrêt, les employés ferment les portières et signalent en levant le bras que le train peut démarrer. L'employé du wagon de queue lance un coup de sifflet et le chef de train, à l'avant, annonce le départ avec une corne. Le métro se développe rapidement : en 1914, douze lignes sont en circulation.

Un autobus Schneider « PB2 » de 1911

Santos-Dumont,
le pionnier de l'aviation

Les premiers tramways tirés par des chevaux apparaissent en 1855 sous le nom de «chemin de fer américain». La vapeur, puis l'électricité remplacent ensuite les chevaux.

De son côté, la Compagnie générale des omnibus, créée en 1856, développe et améliore sans cesse son réseau de véhicules. Les impériales, que Victor Hugo affectionnait et appelait «balcon roulant de Paris», se généralisent rapidement.

Omnibus et tramways transportent chaque jour des milliers de voyageurs dans d'assez bonnes conditions de confort : on ne voyage pas encore debout et on bénéficie de l'arrêt à la demande !

Le 23 octobre 1906, Santos-Dumont s'envole à bord de son aéroplane «14 bis», au-dessus de la prairie de Bagatelle. Il parcourt une soixantaine de mètres en ligne droite, à 3 mètres de haut.

L'autobus Brillé-Schneider «P2» La première ligne en service, «Montmartre-Saint-Germain-des-Prés», est inaugurée le 11 juin 1906. Un an plus tard, six lignes sont équipées avec des voitures à impériale de 32 places.

Les premiers autobus automobiles sont mis en service à l'occasion du Salon de l'automobile de 1905. Peu après, apparaissent les fameux autobus à plate-forme arrière ouverte.

La butte Montmartre

Les moulins de Montmartre, en 1845 Ils étaient plus de trente au XVIIIe siècle et servaient aussi bien à moudre le grain qu'à presser les vendanges ou concasser les pierres. Un grand nombre fut transformé en cabarets.

La rue Norvins en 1912, d'après Maurice Utrillo Fils du peintre Suzanne Valadon, Utrillo naît à Montmartre en 1883. Toute sa vie, il peint les rues du vieux Montmartre et les faubourgs de Paris dont il exprime toute la mélancolie.

*J'ai longtemps habité Montmartre, on y jouit d'un air très pur, de perspectives variées, et l'on y découvre des horizons magnifiques (...).
Il y a là des moulins, des cabarets et des tonnelles, des élysées champêtres et des ruelles silencieuses, bordées de chaumières, de granges et de jardins touffus, des plaines vertes coupées de précipices, où les sources filtrent dans la glaise, détachant peu à peu certains îlots de verdure où s'ébattent des chèvres, qui broutent l'acanthe suspendue aux rochers. Des petites filles à l'œil fier, au pied montagnard, les surveillent en jouant entre elles. On rencontre même une vigne, la dernière du cru célèbre de Montmartre.*

Gérard de Nerval

Dans la seconde partie du XIXe siècle, Montmartre, très pittoresque, devient le quartier favori des artistes qui trouvent à se loger pour pas cher dans le « maquis » qui s'étend sur le flanc nord de la butte où vit pêle-mêle une population de chiffonniers, de brocanteurs et d'artisans.

Des ateliers s'improvisent. Renoir, installé dans un hangar aménagé, peint en 1876 son *Moulin de la Galette*.

D'après Steinlen, 1900

Pablo Picasso en 1904, à l'époque où il s'installe au Bateau-Lavoir. Il y peint *les Demoiselles d'Avignon*, tableau qui annonce un nouveau courant : le cubisme.

Plus tard, une étrange bâtisse en bois, surnommée Bateau-Lavoir (car on y accède de la rue par un pont, comme sur un bateau), devient le foyer de la vie de bohème en abritant de nombreux artistes, comme les peintres Picasso, Braque, Van Dongen, Vlaminck ou les poètes Max Jacob et Apollinaire.

La nuit, la fête bat son plein. C'est l'époque légendaire des cabarets et des chansonniers, du *Chat noir* d'Aristide Bruant, du *Lapin agile* où se retrouvent tous les artistes de la butte et du *Moulin-Rouge* et ses fameuses danseuses de cancan qu'immortalisa le peintre Toulouse-Lautrec.

Le chansonnier Aristide Bruant (1851-1925), peint par son ami Toulouse-Lautrec Ses chansons populaires, comme *Nini peau d'chien*, qu'il interprète dans les cabarets de la butte, sont restées célèbres.

Les « petits poulbots »
En créant ses gamins montmartrois, Francisque Poulbot est passé à la postérité.
Avec ses amis, il crée « la République de Montmartre » dont la devise est :
« Faire le bien en s'amusant. »

Montparnasse

Léonard Tsuguharu Foujita (1886-1968), le plus Parisien des peintres japonais Arrivé à Paris en 1913, il devient une des célébrités le plus en vue de la bohème de Montparnasse.

Henri Rousseau (1844-1910) dit « le Douanier » à cause de son emploi à l'octroi de Paris Le « pape » de l'art naïf fut l'un des premiers artistes à habiter le quartier de Montparnasse où il y aura de nombreux ateliers.

Un aspect du vieux Montparnasse, boulevard Edgar-Quinet, d'après Foujita

Au début du XXe siècle, délaissant peu à peu Montmartre devenue trop « folklorique », les peintres, poètes et écrivains d'avant-garde s'installent sur la rive gauche, à Montparnasse. A son tour, le quartier devient un des hauts lieux de la bohème où se mêlent réfugiés en quête de liberté et artistes que les grands mouvements de l'Art moderne attirent à Paris.

Des cités d'artistes s'établissent. La Ruche, la plus importante, est fondée par un sculpteur généreux, Alfred Boucher. Construit avec des éléments de récupération de pavillons de l'Exposition de 1900, ce curieux ensemble abrite un centre culturel et 140 ateliers où logent, pour un loyer dérisoire, des artistes de tous les pays.

Scandinaves, Russes, Polonais, Italiens, Allemands, Espagnols, tous

se retrouvent aux terrasses du *Dôme* ou de *la Rotonde,* tels les peintres Chagall, Soutine, Modigliani, Van Dongen, Vlaminck ou Kisling.

Au restaurant *la Closerie des Lilas*, le «prince des poètes», Paul Fort, anime de bruyantes soirées poétiques.

Ces cafés où l'on discute plus que l'on consomme accueillent, après la guerre, les romanciers américains Hemingway et Henry Miller, les poètes Cocteau, Blaise Cendrars, Léon-Paul Fargue, André Breton, les musiciens Stravinski, Erik Satie.

C'est l'âge d'or de Montparnasse.

Il n'y a jamais de fin à Paris et le souvenir qu'en gardent tous ceux qui y ont vécu diffère d'une personne à l'autre. Nous y sommes toujours revenus, et peu importait qui nous étions, chaque fois, ou comment il avait changé, ou avec quelles difficultés – ou quelles commodités – nous pouvions nous y rendre. Paris valait toujours la peine, et vous receviez toujours quelque chose en retour de ce que vous lui donniez. Mais tel était le Paris de notre jeunesse, au temps où nous étions très pauvres et très heureux.

Ernest Hemingway

Une évocation des Années folles, d'après la toile *Montparno's blues* de Kees Van Dongen Dans les années vingt, Montparnasse devient le quartier où s'épanouissent les diverses tendances de l'Art nouveau, comme le cubisme, le dadaïsme et le surréalisme.

Au carrefour des boulevards Montparnasse et Raspail, les cafés *le Dôme, la Rotonde, la Coupole* sont le rendez-vous des artistes du monde entier.
Au bœuf sur le toit, le jazz prend son essor : c'est la grande époque du blues et du style New Orleans.

Paris dans la tourmente

Le maréchal Joffre, commandant en chef des armées françaises

La guerre de 1914-1918

La Première Guerre mondiale n'épargne pas la capitale : menacée dès le début des offensives allemandes, la ville est sauvée par la bataille de la Marne à laquelle participent tous les taxis de Paris, mobilisés pour convoyer les renforts vers le front, le 7 septembre 1914.

Le Paris des femmes :

Paris prend son visage de guerre. Partout des hôpitaux, des blessés, des œuvres de bienfaisance, et la charmante idée des «marraines» (…).
Les femmes avaient des métiers d'hommes, receveuses de tramways, employées du métro, ouvrières d'usines. Partout elles remplaçaient les hommes qui étaient au front (…).

André Warnod

Maisons bombardées rue Saint-Antoine Durant les derniers mois de la guerre, les raids des dirigeables zeppelins, ceux des avions Gotha, puis les obus du canon allemand la « grosse Bertha » font de nombreuses victimes, obligeant les Parisiens à se réfugier dans les caves et sous les voûtes du métro.

Toutes les précautions sont prises pour protéger les monuments : ici, des centaines de sacs de sable sont entassés devant le grand portail de Notre-Dame.

Paris ! Paris outragé !
Paris brisé ! Paris martyrisé !
mais Paris libéré !
Charles de Gaulle

La Seconde Guerre mondiale

10 juin 1940 : les Parisiens stupéfaits apprennent que le gouvernement quitte la capitale pour Tours. Paris, déclaré « ville ouverte », n'est pas défendu. Dans la panique, un million de personnes fuient la ville en 48 heures. Le 14 juin, l'armée allemande entre dans Paris.

Durant quatre ans, la capitale va subir la plus dure occupation de son histoire. A nouveau, ce sont les privations, les problèmes quotidiens du ravitaillement, les longues queues devant les épiceries et les boulangeries de plus en plus mal approvisionnées.

Très vite, malgré la répression, la résistance parisienne s'organise. Le 19 août 1944, Paris se soulève. Jusqu'à l'arrivée des chars du général Leclerc les 24 et 25 août, les combats de rues et les barricades se multiplient.

Le général de Gaulle descend les Champs-Elysées le 26 août 1944 : *Devant moi les Champs-Elysées ! Ah ! C'est la mer ! Une foule est massée de part et d'autre de la chaussée. Peut-être deux millions d'âmes. Les toits aussi sont noirs de monde. A toutes les fenêtres s'entassent des groupes compacts, pêle-mêle avec des drapeaux.*
Charles de Gaulle

Le 25 août 1944, Paris, libéré, laisse exploser sa joie. Partout, la foule en liesse acclame ses libérateurs.

De Saint-Germain-des-Prés à Beaubourg

Depuis la fin du XIXᵉ siècle, le café *Aux Deux Magots* est une véritable institution du quartier de Saint-Germain-des-Prés.

La fréquentation des quartiers de Paris évolue à travers les années, suivant les modes et les transformations de la ville. Chaque époque élit un centre où s'anime la vie intellectuelle et artistique, point de rencontres de la jeunesse parisienne.

A l'ombre du clocher de Saint-Germain, une des plus anciennes églises de Paris, abondent, depuis le XIXᵉ siècle, librairies, maisons d'édition et cafés où se retrouve le « monde intellectuel ».

Le quartier connaît son âge d'or juste après la Libération. On croise à la *Brasserie Lipp*, *Aux Deux Magots* ou au *Café de Flore*, les écrivains et les jeunes existentialistes qui en ont fait leur quartier général pour y travailler, se rencontrer, y discuter. Dans les « caves » et les clubs de jazz, au *Tabou* ou à *la Rose rouge*, la nuit se poursuit jusqu'au matin dans une atmosphère enfumée.

Boris Vian (1920-1959) une « figure » de Saint-Germain-des-Prés Auteur de poèmes, de romans (*l'Ecume des jours*, *l'Arrache-Cœur*), de chansons (*le Déserteur*), Boris Vian était aussi trompettiste de jazz.

Le « Café de Flore »
La clientèle immuable composait des groupes absolument fermés (...). C'était comme un club anglais. Les gens entraient et se connaissaient tous; chacun connaissait les moindres détails de la vie privée de son voisin; mais de groupe en groupe, on ne se disait pas bonjour, tandis qu'on s'empressait de le faire si on venait à se rencontrer ailleurs – en terrain neutre.

Jean-Paul Sartre

Je voudrais passionnément que Paris possède un Centre culturel qui soit à la fois un musée et un centre de création, où les arts plastiques voisineraient avec la musique, le cinéma, les livres, la recherche audiovisuelle.

Georges Pompidou

Inauguré le 31 janvier 1977, le Centre Pompidou, que l'on doit aux architectes Piano et Rogers, a bouleversé le cœur de Paris, contrastant avec les vieilles maisons des alentours. Autrefois quartier populaire et commerçant, le plateau Beaubourg rénové attire aujourd'hui, grâce au Centre, des milliers de touristes, étudiants et artistes, de tous les pays.

Un des monuments les plus visités au monde, le Centre Pompidou reçoit journellement 25 000 visiteurs, intéressés en priorité par la Bibliothèque.

Le Centre Pompidou comprend, entre autres, le musée national d'Art moderne et la Bibliothèque publique d'information qui permet à tous l'accès libre à plus de 400 000 livres et périodiques, ainsi qu'à un nombre considérable d'images.

Devant le Centre, la fête est permanente : musiciens, clowns, bonimenteurs, saltimbanques, jongleurs, cracheurs de feu y renouent avec la tradition des spectacles du Moyen Age. C'est aujourd'hui un des lieux de rencontres les plus populaires de Paris.

Paris se distrait

La course annuelle
des garçons de café
Plateau garni à la main,
les participants
prennent le départ
place de l'Hôtel-de-
Ville pour un long
parcours à travers
la capitale.

Les Parisiens trouvent dans leur
ville d'innombrables sources de dé-
tente et de divertissement. Promenades, sports, spectacles, manifestations
culturelles enrichissent la vie quotidienne des habitants.

Paris compte plus de 300 parcs,
squares et jardins. Le véritable « inven-
teur » de l'espace vert parisien est le
baron Haussmann qui confie à l'ingénieur Alphand le soin d'aménager
pour chaque quartier des squares (vingt-quatre au total), des
parcs et des bois à proximité
de la ville. On crée à l'époque l'essentiel des jardins
conservés de nos jours : le parc
de Montsouris, les bois de Vincennes et de Boulogne.

Un aspect du Paris de tous les jours,
place Saint-André-des-Arts

Sur l'emplacement du gibet de Montfaucon, d'anciennes carrières sont transformées en parc donnant naissance, en 1867, aux Buttes-Chaumont. Conformément au goût du temps pour le «pittoresque», on aménage un site sauvage : un lac est creusé alimenté par les eaux du canal Saint-Martin, une montagne de roches et de béton est édifiée en son centre. Au sommet un petit édifice évoque le temple antique de Tivoli.

Le bois de Vincennes, le plus grand espace vert de Paris, offre une vaste gamme d'activités : balades à pied, à cheval ou à vélo, lacs pour canoter, pelouses pour pique-niquer... On y trouve aussi le merveilleux Parc floral et ses aires de jeu pour les enfants, un hippodrome et le Parc zoologique et son fameux grand rocher.

Conçue par l'imprimeur Gabriel Morris en 1868, la colonne qui porte son nom annonce aux Parisiens les spectacles et les concerts.

EN FLANANT SUR LES QUAIS

Les quais ont toujours été pour les Parisiens de bonne race un endroit de prédilection. Tout le long de la Seine, maintenue dans une atmosphère de haute distinction par le voisinage des bâtiments augustes qui la font royale, et pourtant bohémienne par la présence des bouquinistes, le passage des chalands et les brusques apparitions de sombres poètes au bord des boîtes, la flânerie s'est toujours sentie là chez elle.

Léon-Paul Fargue

Bouquinistes des quais
C'est au XVIe siècle, sur le Pont-Neuf, que sont apparus les premiers bouquinistes. Ils sont environ 300 sur les quais de la Seine et font le bonheur des amateurs de vieux livres, gravures ou cartes postales.

Paris insolite

Le mausolée d'Héloïse et Abélard, érigé en 1817
Le cimetière du Père-Lachaise, avec ses allées romantiques et ses tombes de personnalités illustres, est un lieu unique de promenade.

La galerie Vivienne, une de ces galeries couvertes très à la mode au XIXe siècle
Sur les 140 passages que l'on comptait au cœur de Paris, une trentaine ont survécu, dont la Galerie Vérot-Dodat, les passages du Caire, des Panoramas...

A l'écart de la ville monumentale et touristique, un Paris insolite et méconnu offre des lieux de promenade paisible ou surprenante.

Les métiers et l'histoire ont tracé des quartiers dont l'identité reste très marquée.

Ainsi, le passage du Caire, près de la Bourse, fut créé au retour de la campagne d'Egypte de Bonaparte en 1799. S'inspirant du grand bazar du Caire, on a construit trois galeries marchandes couvertes, domaine des marchands et des fabricants de vêtements. Elles forment une véritable ville, avec ses rues, son langage, ses habitants, sa vie si éloignée de celle du dehors. C'est le cœur du quartier du Sentier, centre de la confection, animé et bruyant.

Le faubourg Saint-Antoine, haut lieu des artisans du bois depuis le XVIe siècle, a également conservé sa spécificité. Outre les magasins de meubles qui se pressent sur le faubourg, on trouve encore des ébénistes, des marqueurs, des sculpteurs sur bois dont les ateliers se cachent dans les cours ou les passages des vieilles maisons.

Chineurs du marché aux puces

Chaque week-end, près de 200 000 personnes se retrouvent... au marché aux puces. Il en existe trois à la périphérie de Paris : le marché de Saint-Ouen, considéré comme le plus grand marché d'art ancien du monde, ceux de Vanves et de Montreuil.

Marchés de l'occasion et du neuf, les amateurs en connaissent les trésors et les spécialités : vêtements, antiquités, meubles, bibelots, livres. Autrefois domaine des chiffonniers, ils sont devenus les paradis des chineurs à la recherche de l'objet rare ou de la bonne affaire.

...Comme un dimanche, avec un ami, je m'étais rendu au « marché aux puces » de Saint-Ouen (j'y suis souvent, en quête de ces objets qu'on ne trouve nulle part ailleurs, démodés, fragmentés, inutilisables, presque incompréhensibles...), notre attention s'est portée simultanément sur un exemplaire très frais des Œuvres complètes de Rimbaud, perdu dans un très mince étalage de chiffons, de photographies jaunies du siècle dernier, de livres sans valeur et de cuillers en fer.

André Breton

Le canal Saint-Martin, creusé entre 1814 et 1815 pour relier le canal de l'Ourcq à la Seine, reste, avec ses calmes plans d'eau, ses passerelles, ses écluses, un des endroits les plus attachants de Paris.

La Bourse aux timbres, avenue de Marigny, pour les collectionneurs... de timbres, télécartes ou cartes postales.

Paris aujourd'hui

Le Palais omnisports de Paris-Bercy Construite sur le site des anciens entrepôts du Grand-Bercy en 1983, la plus grande salle de Paris peut accueillir 17 000 personnes pour des manifestations sportives (patinage sur glace, cyclisme, athlétisme, tennis), culturelles ou musicales.
A proximité s'élève le nouveau ministère des Finances, en forme de viaduc tronqué, dont les pylônes plongent dans la Seine.

Paris s'embellit, se construit, s'aménage sans cesse pour répondre aux nouveaux besoins de ses habitants et satisfaire aux exigences d'une société moderne.

Améliorer la circulation dans la ville est un impératif. Depuis les années soixante, de nombreux progrès sont réalisés : construction des boulevards périphériques, des voies sur berge, modernisation des transports en commun, création du Réseau express régional (R.E.R.) vers la banlieue.

Le départ des Halles vers Rungis en 1969 a libéré un espace de près de 10 ha au cœur de la ville. Après de multiples hésitations, l'aménagement du terrain prend trois directions : création d'un centre commercial (le Forum), d'un réseau de tunnels pour dégager des voies piétonnes et d'une vaste gare souterraine, point de connexion des lignes de métro et de R.E.R.
Vingt ans de travaux seront nécessaires à la réalisation du projet.

De nouvelles réalisations dans Paris, engagées par l'Etat ou la Ville, se multiplient. Ces grands travaux, généralement liés à la culture et à la communication, modèlent les paysages et les fonctions de la ville de l'an 2000.

L'Institut du monde arabe, la pyramide du Louvre, l'Opéra-Bastille, repères architecturaux du Paris contemporain, se caractérisent par une esthétique simple, utilisant le verre et l'acier pour mieux refléter la ville ou offrir leur transparence au regard du monde extérieur.

La pyramide du Louvre de l'architecte sino-américain I. M. Pei

La Géode
Sur le site de la Villette, cette énorme sphère d'acier renferme une salle de cinéma avec un écran hémisphérique de 1 000 m^2.

La grande arche de la Défense
L'architecte danois von Spreckelsen a conçu un cube évidé de 105 m de haut recouvert de marbre de Carrare. Il s'inscrit parfaitement dans la perspective de l'arc du Carrousel et de l'arc de Triomphe, axe historique de la capitale.

Un cube ouvert
Une fenêtre sur le monde
Comme un point d'orgue
  provisoire sur l'avenue
Avec un regard sur
  l'avenir
Johan Otto von Spreckelsen

Le petit lexique de Paris

ARC DE TRIOMPHE

Il fut élevé à la gloire des armées impériales. Sous l'arc repose le corps du Soldat inconnu, mort pendant la guerre de 1914-1918.

BASTILLE

Forteresse qui servait de prison, détruite en 1789. Une colonne, surmontée du génie de la Liberté, s'élève aujourd'hui sur sa place, célébrant la Révolution de 1830.

ELYSEE

Ce palais sert de résidence aux présidents de la République depuis 1873.

FORUM DES HALLES

Centre commercial souterrain, ouvert en 1979, dans le quartier des anciennes Halles.

INSTITUT DE FRANCE

Le palais est le siège de cinq académies, dont l'Académie française, fondée par Richelieu en 1634.

INVALIDES

Premier hôtel militaire, créé par Louis XIV pour accueillir les soldats blessés ou invalides, il abrite le musée de l'Armée et le tombeau de Napoléon.

MAISON DE RADIO-FRANCE

Tous les services de la Radio et musée de l'Histoire des télécommunications.

OBSERVATOIRE

Etablissement astronomique, créé par Louis XIV. S'y trouvent également l'horloge parlante et le Bureau international de l'heure.

OPERA

Académie nationale de musique et de danse, conçue au XIXᵉ siècle par l'architecte Charles Garnier.

68

OPERA DE LA BASTILLE
Nouvel opéra
«moderne et
populaire», place
de la Bastille.

PALAIS-BOURBON
Il est le siège de
l'Assemblée nationale.

PALAIS OMNISPORTS DE BERCY
Conçu pour accueillir
tous les sports et les
spectacles de variétés,
c'est la plus moderne
et la plus vaste des
salles parisiennes.

PALAIS-ROYAL
Ancien palais de
Richelieu, où est
installé le Conseil
d'Etat.

PANTHEON
Ancienne église
transformée en
mausolée, où sont
inhumés les grands
hommes que la France
veut honorer.

PARC DES PRINCES
Haut lieu du football
et du rugby, ce stade
peut recevoir
50 000 spectateurs.

PERE-LACHAISE
Dans ce célèbre
cimetière,
de nombreuses
personnalités sont
enterrées, comme
Balzac, Chopin,
Colette...

PLACE DE LA CONCORDE
C'est la plus grande
place de Paris.
L'obélisque de Louqsor
qui provient du temple
de Ramsès II, y a été
érigé en 1836.

PLACE VENDOME
Elle date de
Louis XIV. Napoléon y
fit dresser une colonne
de bronze sur laquelle
sont représentées les
principales victoires de
ses armées.

SACRE-CŒUR
Basilique construite,
à la fin du XIXe siècle,
sur la butte
Montmartre. De son
parvis, le panorama
est magnifique.

STADE ROLAND-GARROS
Tous les passionnés de tennis s'y rendent lors des grandes compétitions.

TOUR EIFFEL
C'est la star de la capitale et le symbole de Paris pour le monde entier! Elle fut conçue par l'ingénieur Eiffel pour l'Exposition de 1889.

TOUR MONTPARNASSE
Cette tour de 58 étages, haute de 200 mètres, abrite des bureaux et un centre commercial.

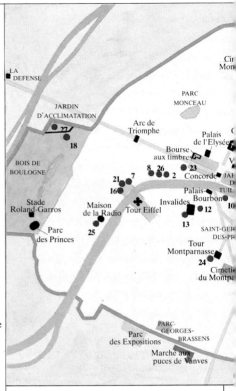

Les musées

ARTS
1/Affiche et Publicité
2/Art moderne de la Ville de Paris
3/Arts africains et océaniens
4/Arts décoratifs
5/Arts de la mode
6/Centre national d'art et de culture Georges-Pompidou
7/Cinéma

8/Guimet
9/Le Louvre
10/Orsay
11/Picasso
12/Rodin

HISTOIRE
13/Armée
14/Carnavalet
15/Cluny
16/Marine
17/Montmartre

aux puces
nt-Ouen

19

Sacré-Cœur
ARTRE

Rotonde
de la Villette

PARC DES
BUTTES-CHAUMONT

CANAL SAINT-MARTIN

28   1

ANDS BOULEVARDS

Forum   Place
es Halles   de la République
            20

6   11

14

Cimetière
du Père-Lachaise

Marché
aux
puces
de
Montreuil

Hôtel   Place
de Ville   des Vosges

Notre-
Dame

BASTILLE
Opéra
de la Bastille   NATION

Panthéon

le   JARDIN
ce   22   DES PLANTES   Palais omnisports
ire   de Bercy   3

LES GOBELINS

Zoo

BOIS DE
VINCENNES

de Paris

HOMME ET TECHNIQUES	Découverte
18/Arts et Traditions populaires	**24**/de la Poste
19/Cité des Sciences et de l'Industrie	**25**/Radio-France
20/Conservatoire des arts et métiers	
21/Musée de l'Homme	**POUR LES ENFANTS**
22/Muséum national d'histoire naturelle	**26**/Musée des Enfants
	27/Musée en herbe
23/Palais de la	**28**/Musée Grévin

ARTS

AFFICHE ET PUBLICITE
18, rue de Paradis, 10e

ART MODERNE DE LA VILLE DE PARIS
Palais de Tokyo,
11, avenue du
Président-Wilson, 16e
Présente les œuvres de
nombreux artistes
modernes.

ARTS AFRICAINS ET OCEANIENS
293, avenue
Daumesnil, 12e

ARTS DECORATIFS
107, rue de Rivoli, 1er
Mobilier, tapisserie,
bibelots de tous
les temps.

ARTS DE LA MODE
109, rue de Rivoli, 1er

71

CENTRE NATIONAL D'ART ET DE CULTURE GEORGES-POMPIDOU
Plateau Beaubourg, 4e
Centre de la culture et de l'art modernes, on y trouve des galeries d'exposition, des ateliers, une cinémathèque, un espace réservé aux enfants...

CINEMA
Palais de Chaillot, place du Trocadéro, 16e
L'histoire du septième art, depuis les premiers tours de manivelle.

GUIMET
6, place d'Iéna, 16e
Un des plus riches musées du monde sur l'art des civilisations de l'Orient et de l'Extrême-Orient.

LE LOUVRE
palais du Louvre, 1er
Des chefs-d'œuvre à profusion, de toutes les époques et de tous les pays.

ORSAY
1, rue de Bellechasse, 7e
Installé dans l'ancienne gare d'Orsay, il est consacré à l'art de la seconde moitié du XIXe siècle et du début du XXe siècle.

PICASSO
Hôtel Salé,
5, rue de Thorigny, 3e

RODIN
77, rue de Varenne, 7e

HISTOIRE

ARMEE
Hôtel des Invalides, esplanade des Invalides, 7e
L'histoire militaire française et le tombeau de Napoléon.

CARNAVALET
23, rue de Sévigné, 3e
Musée historique de la Ville de Paris, sa visite est indispensable pour mieux connaître la capitale.

CLUNY
6, place Paul-Painlevé, 5e
Les thermes de Lutèce et de superbes collections d'art et d'objets du Moyen Age.

MARINE
Palais de Chaillot, place du Trocadéro, 16e
Pour voyager parmi un passionnant ensemble de maquettes et de documentation sur toutes les marines.

MONTMARTRE
12, rue Cortot, 18e
Histoire de la butte et des peintres.

HOMME ET TECHNIQUES

ARTS ET TRADITIONS POPULAIRES
6, route du Mahatma-Gandhi, 16e
Coutumes, jeux, religion, métiers, objets usuels des provinces de France.

CITE DES SCIENCES ET DE L'INDUSTRIE
Parc de la Villette, 30, avenue Corentin-Cariou, 19e
Avec sa médiathèque (un des plus grands centres de documentation scientifique du monde), sa Géode, ses expositions sur l'univers de la vie, de la technologie et de la communication, c'est le paradis des savants !

CONSERVATOIRE DES ARTS ET METIERS
270, rue Saint-Martin, 3e
L'histoire des techniques, de leurs origines et de leur évolution, du XVIe siècle à nos jours.

MUSEE DE L'HOMME
Palais de Chaillot, place du Trocadéro, 16e
Tout sur l'homme : origines, évolutions, activités et modes de vie des peuples.

MUSEUM NATIONAL D'HISTOIRE NATURELLE
Jardin des Plantes, 57, rue Cuvier, 5e
Au milieu de beaux jardins, une ménagerie, des serres tropicales et les galeries de Sciences naturelles, dont celle de Paléontologie, avec son squelette de mammouth.

PALAIS DE LA DECOUVERTE
Avenue Franklin-D.-Roosevelt, 8e
Pour expliquer ce qu'est la science.

DE LA POSTE
34, boulevard de Vaugirard, 15e
L'histoire du timbre et le cheminement du courrier.

RADIO-FRANCE
116, avenue du Président-Kennedy, 16e
Dans la maison de la Radio.

POUR LES ENFANTS

MUSEE DES ENFANTS
Au musée d'art moderne de la Ville de Paris, accès direct
16, avenue de New-York, 16e

MUSEE EN HERBE
Jardin d'Acclimatation, bois de Boulogne, 16e

GREVIN
10, boulevard Montmartre, 9e
Bien connu pour ses personnages de cire et ses reconstitutions de scènes historiques.

Toi, Seine, tu n'as rien.
Deux quais et voilà tout,
Deux quais crasseux, semés de l'un à l'autre bout
D'affreux bouquins moisis et d'une foule insigne,
Qui fait dans l'eau des ronds et qui pêche à la ligne.
Oui, mais quand vient le soir, raréfiant enfin
Les passants alourdis de sommeil ou de faim,
Et que le couchant met au ciel des taches rouges,
Qu'il fait bon aux rêveurs descendre de leurs bouges
Et, s'accoudant au pont de la Cité, devant
Notre-Dame, songer, cœur et cheveux au vent !
Les nuages, chassés par la brise nocturne,
Courent, cuivreux et roux, dans l'azur taciturne.
Sur la tête d'un roi du portail, le soleil,
Au moment de mourir, pose un baiser vermeil.
L'hirondelle s'enfuit à l'approche de l'ombre,
Et l'on voit voleter la chauve-souris sombre.
Tout bruit s'apaise autour. A peine un vague son
Dit que la ville est là qui chante sa chanson...

Paul Verlaine

Quelques repères historiques

1633-1636 Louis XIII élargit l'enceinte de Charles V vers l'ouest.
1648-1653 La Fronde agite la ville.
1728 Indication du nom des rues sur des plaques de fer-blanc.
1763 Inauguration de la place Louis-XV, future place de la Concorde.
1779 Rue de l'Odéon, première rue dotée de trottoirs.
1784-1791 Édification de l'enceinte des fermiers généraux.
14 juillet 1789 Prise de la Bastille.
16 juillet 1789 Nomination d'un premier maire à Paris : Jean-Sylvain Bailly.
2 décembre 1804 Sacre de Napoléon Ier à Notre-Dame.
1805 Début du numérotage actuel des maisons.
1817 Premier éclairage au gaz passage des Panoramas.
1828 Premiers transports en commun après les tentatives du XVIIe siècle.
27, 28 et 29 juillet 1830 Journées révolutionnaires des Trois Glorieuses.
1837 Ouverture de la première ligne de chemin de fer, Paris-Saint-Germain-en-Laye.
1841-1845 Construction des fortifications de Thiers.
1840 1er essai d'éclairage électrique place de la Concorde.
1848 Révolution : le roi Louis-Philippe est renversé.
1853 Le baron Haussmann, préfet de la Seine, entreprend de gigantesques travaux d'urbanisme. Paris acquiert sa physionomie actuelle.
1852 Naissance du premier grand magasin.
1851 Baltard construit les pavillons des Halles.
1855 1re Exposition universelle.
1860 Annexion de 11 communes. Paris est divisé en vingt arrondissements.
1854-1862 Aménagement de la place du Château-d'Eau, future place de la République.
1870-1871 Siège de Paris par les Prussiens.
A la défaite succède l'insurrection parisienne : la Commune.
1884 Obligation de déposer les ordures dans des récipients, les futures poubelles.
1889 Édification de la tour Eiffel pour l'Exposition universelle.
1900 Ouverture de la première ligne de métro.
14 juin 1940 Début de l'occupation allemande.
19-26 août 1944 Libération de Paris.
Mai 1968 Soulèvement des étudiants, puis grève générale.
1969 Transfert des Halles à Rungis.
1969 Mise en service du R.E.R (Réseau express régional).
1957-1973 Construction du boulevard périphérique.
25 mars 1977 Pour la première fois les Parisiens élisent leur maire : Jacques Chirac (le premier à porter ce titre depuis 1871).

Biographie des auteurs

Philippe Fix est né, en 1937, à Grendelbruch, en Alsace. C'est à Strasbourg qu'il entre aux Arts-Décoratifs, puis suit les cours de l'Ecole des beaux-arts à Paris où il vit toujours.

Il est le créateur du fameux *Chouchou* (1963). Parmi ses nombreux ouvrages, on citera : *Le Merveilleux chef-d'œuvre de Séraphin* (1967) - pour lequel il obtient, en 1968, le prix du Meilleur Livre Loisirs Jeunes et le prix de Bologne l'année suivante -, *Séraphin contre Séraphin* (1968), *Défense de lire Séraphin* (1968) - tous les « Séraphins » sont traduits dans le monde entier - et *Le Livre des géants ingénus* (1972).

Depuis 1983, avec *la Ferme* et *Il y a cent ans déjà* (1987) **Françoise** et **Philippe Fix** collaborent avec malice et sérieux.

Table des matières

SOURCES DES CITATIONS

6. Julien Green, *Paris* (Ed. du Champ Vallon, 1983) **12.** Victor Fournel, *Le Vieux Paris* (1887) **16/17.** Sébastien Mercier, *Tableaux de Paris* ((1781-1790) **23.** Napoléon, « Il est honteux » (in Michel Belloncle, *La Ville et son eau*, Ed SERG, 1978) **24/25.** Jules Janin, Le gamin de Paris (in *Les Français peints par eux-mêmes*, 1840) **34.** Edouard Fournier, *Paris démoli* (1853) **35.** Charles Baudelaire, Le Cygne, *Les Fleurs du mal* (1857) **38.** Maxime du Camþ, *Paris, ses organes, ses fonctions et sa vie* (1869-1875) **44/63.** Léon-Paul Fargue, *Le piéton de Paris* (Gallimard, 1932, 1939) **49.** Jean Richepin, Types des fêtes foraines (in *Les types de Paris*, 1889) **51.** Jules Vernes, *Vingt mille lieues sous les mers* (1870) **54.** Gérard de Nerval, *Paris et alentours* **57.** Ernest Hemingway, *Paris est une fête* (Trad. M. Saporta, Gallimard, 1964) **58.** André Warnod, *Visages de Paris* (Ed. Firmin-Didot, 1930) **60.** Jean-Paul Sartre (in Boris Vian, *Manuel de Saint-Germain-des-Prés*, Le Chêne, 1974) **63.** André Breton, *Nadja* (Gallimard, 1964) **74.** Paul Verlaine, *Fragment d'un nocturne parisien*.

Nous remercions Messieurs les auteurs et les éditeurs qui nous ont autorisés à reproduire textes ou fragments de textes dont ils gardent l'entier copyright (texte original ou traduction). Nous avons, par ailleurs, en vain recherché les héritiers ou éditeurs de certains auteurs. Leurs œuvres ne sont pas tombées dans le domaine public. Un compte leur est ouvert à nos éditions.